AF257763

S' V
8663

LES CHEMINS-DE FER

DEVANT

L'OPINION PUBLIQUE

Réponse à M. J. Cornély, du « Matin »

PAR

E. GUÉRARD

> S'il y avait au monde
> des gens à qui il était in-
> terdit de songer à faire
> grève, c'étaient les em-
> ployés de chemins de fer.
>   J. CORNÉLY.

Prix : 25 centimes

BROCHURE VENDUE AU PROFIT DES GRÉVISTES RÉVOQUÉS

PARIS

IMPRIMERIE J. ALLEMANE

51, RUE SAINT-SAUVEUR, 51

1891

LES CHEMINS DE FER

DEVANT

L'OPINION PUBLIQUE

Réponse à M. J. Cornély, du « Matin »

PAR

E. GUÉRARD

> Sil y avait au monde
> des gens à qui il était in-
> terdit de songer à faire
> grève, c'étaient les em-
> ployés de chemins de fer.
>
> J. CORNÉLY.

Prix : 25 centimes

BROCHURE VENDUE AU PROFIT DES GRÉVISTES RÉVOQUÉS

PARIS

IMPRIMERIE J. ALLEMANE

51, RUE SAINT-SAUVEUR, 51

1891

DÉPÔT LÉGAL
Seine
N° 4830
1891

POUR PARAITRE PROCHAINEMENT:

Les Chemins de fer feront-ils grève?

PAR

E. GUÉRARD

AVANT-PROPOS

Et pour mon compte, si
j'étais directeur d'une Compagnie de chemin de fer, je
me ferais couper le poing
plutôt que de signer la réin-
tégration d'un seul des grévistes actuels.

J. CORNÉLY.

Le 19 Juillet 1891, alors que la grève des Chemins de fer était en pleine effervescence et mena-
çait de prendre des proportions inattendues;

Alors que les puissantes Compagnies, malgré
l'appui absolu du gouvernement, allaient peut-être
céder devant leur personnel révolté;

Alors que l'opinion publique, hésitante, com-
mençait à s'émouvoir et à s'intéresser à la cause des
grévistes;

Il s'est trouvé un homme, un journaliste sans
conscience qui, dans un article élogieux pour les
Compagnies, consentit à énumérer compendieuse-
ment les *nombreux sacrifices* qu'elles font, disait-il,
pour leurs employés, lesquels étaient représentés
comme les plus heureux des travailleurs.

Trompée une fois de plus par un de ceux qui se
sont donné pour mission de lui dire la vérité, l'opinion publique se reprit; les grévistes se sentant

abandonnés par elle, perdirent courage et la grève échoua.

Les représailles furent terribles : le lendemain, deux mille familles étaient sans pain.

Le Capital, une fois de plus, avait encore vaincu.

Mais, il faut que la vérité se fasse jour, et, à l'Opinion Publique, cette puissance qui donne toujours généreusement ses sympathies au bon droit, je dédie ces lignes, et défie le journaliste dont j'ai parlé de prouver qu'il n'avait pas écrit servilement sous la dictée d'une Compagnie quelconque, de la générosité de laquelle il a sans doute d'excellentes raisons pour ne pas douter.

Août 1891.

DE L'AUTORITE PATRONALE

Depuis que le Capital et le Travail sont en rapports, c'est-à-dire en conflit, jamais le Capital n'a été plus doux, plus humain que dans ces grandes entreprises qui s'appellent nos cinq grandes Compagnies.

J. CORNÉLY.

Il est un préjugé encore très répandu, même dans la classe laborieuse, c'est que le travailleur ne peut pas élever la prétention de défendre ses intérêts contre ceux de son patron, sous prétexte qu'il reçoit de lui son salaire.

On ne veut pas se dire qu'en échange, il donne, lui, son travail, et qu'il doit librement discuter les conditions dans lesquelles il le donne, de même qu'un commerçant discute le prix de la marchandise qu'il offre à la consommation et ne la livre que si le prix qu'on veut lui en donner lui convient.

Sous l'empire de ce préjugé, le travailleur se soumet aux prétentions de son patron, et, tant qu'il est occupé par lui, il accepte aisément les abus, l'injustice, le surmenage, les vexations, l'injure même.

S'il se décide parfois à appeler son patron devant le Conseil des Prud'hommes, soyez persuadés qu'il ne demande justice que lorsqu'il a cessé d'être son employé.

Cette situation provient de ce que, dans l'ordre économique actuel, le patron pour conserver ses prérogatives, a pu prendre sur son personnel une attitude autoritaire qu'il ne conserve que par l'abus de pouvoir, *qu'il appelle énergie*, et pour éviter les réclamations justifiées auxquelles il ne peut et ne veut pas répondre, il oppose généralement à chacune d'elles une fin de non-recevoir absolue, suivie la plupart du temps du renvoi du réclameur.

Dans les grandes administrations, dans les chemins de fer, l'antagonisme entre le Capital et le Travail est plus frappant.

Si parfois un patron apprécie le mérite d'un de ses collaborateurs et a pour lui quelques égards, il n'en est pas de même dans les Administrations anonymes ou l'employé et l'employeur — l'actionnaire — ne sont pas en rapport direct; il en résulte que ce dernier ne prend nul souci du personnel qu'il ne connaît pas; il ne s'occupe ni du savoir, ni de l'intelligence, ni de l'habileté de ceux qui vivent péniblement en travaillant pour lui permettre une existence de luxe et d'oisiveté. Une seule chose l'inquiète: son *dividende* qu'il veut voir constamment augmenter.

Il charge de ce soin un Conseil d'Administration (composé de gros actionnaires) qui, à son tour, dévolue son *autorité* à un certain nombre de fonctionnaires convenablement traités, qui ont pour mission de se substituer à la Compagnie, aux actionnaires, à l'employeur en un mot, dans les rapports avec le travailleur.

Le Conseil se réserve cependant le droit d'augmenter, gratifier, promouvoir, révoquer, *le tout sans appel*, et sur le vu de propositions émanant des chefs de service et dont il ne peut constater le bien fondé, laissant ainsi le champ libre à l'erreur, sinon l'injustice, et ouvrant la porte toute grande au favoritisme le plus éhonté.

Les intermédiaires entre le Capital et le Travail, les ingénieurs, les chefs, ont donc l'autorité du patron, mais comme en réalité ils n'en ont pas les privilèges, il fallut pour que l'intérêt patronal fût défendu, encourager par des augmentations, des gratifications, de l'avancement, *l'énergie*, l'autorité, la puissance des Chefs.

Pour faire la démonstration de cette énergie et en être récompensés, il leur faut se montrer sévères et frapper, juste ou non, ils sont seuls appréciateurs.

Et qui souffre de cette méthode? l'employé, toujours l'employé..... quand ce n'est pas aussi la Compagnie,

Il est d'autant plus nécessaire de s'occuper de cet état de choses, que la forme anonyme, dans toutes les entreprises commerciales et industrielles, tend de plus en plus à se substituer au patronat.

Adresse-t-on à son chef une réclamation aussi fondée que possible; aussitôt il semble que s'il y fait droit, son *autorité* sera amoindrie, et, inexorable par système, il repousse sans pitié le quémandeur.

Et puis, peut-il bien transmettre et appuyer une réclamation auprès de l'Ingénieur? Il craint — oh! bien à tort, je pense — qu'on lui dise : Mais vous n'êtes pas l'homme énergique que nous pensions ! Et pour éviter ce reproche, pour obtenir encore et toujours de l'avancement, le chef repousse implacablement toute réclamation et en arrive souvent à devenir injuste, alors que son tempérament, son caractère, en avaient fait peut-être l'homme le plus impartial, et alors que s'il avait été réellement le patron, il aurait peut-être accédé à la demande qui lui était faite.

Que voulez-vous, son avancement dépend de son *énergie !*

Et alors, il n'a plus de retenue; son intérêt personnel prime celui de ses subordonnés et même celui de la Compagnie; en avant les abus, les faveurs, les passe-droits aux amis, à la famille que l'on a réunis près de soi pour les faire parvenir à une petite situation, au détriment des bons employés que l'on décourage, et de la Compagnie qui paie et n'est pas servie comme elle devrait l'être.

Et allez réclamer si vous voulez!

A qui d'ailleurs? Pas à votre chef, vous savez par expérience que cela ne sert à rien, qu'à s'attirer sa haine.

A son supérieur? Mais vous ne songez donc pas que ce monsieur, de son bureau, donne des ordres comme un ministre; que s'il condescend à vous donner audience, c'est à la condition qu'il parlera tout seul. Bien heureux serez-vous, si, après une verte semonce sur votre indiscipline et votre arrogance, vous ne voyez pas votre avancement ralenti sinon brisé. Mais jamais, au grand jamais, le chef supérieur ne consentira à blâmer votre chef direct pour ne pas *amoindrir son autorité.*

Voilà comment, et cela dans toutes les Compagnies

de Chemins de fer, au service actif, aux ateliers, dans les bureaux, le personnel est sans défense dans la lutte contre l'abus de pouvoir des dirigeants et le bon plaisir des actionnaires; voilà comment les intérêts de ces derniers seuls sont sauvegardés, tandis que l'autre partie contractante, les travailleurs, ne peut pas discuter les siens contradictoirement et se voit imposer toutes conditions quelçonques sans pouvoir dire si elles lui conviennent ou non.

Il y a là un contrat léonin qu'il faut reviser.

DU SYNDICAT

On a vu nos administrateurs se faire mille fois plus tendres, plus prévoyants que les patrons, et après avoir pris à la providence sa forme anonyme, essayer de lui ravir sa bonté.

J. CORNÉLY.

Les réclamations individuelles ayant généralement un résultat fâcheux pour leurs auteurs, on en était arrivé à ne plus oser protester contre un acte arbitraire et à subir sans démonstration apparente un abus de pouvoir évident.

Cependant, avant de se déclarer impuissants, les employés ont été amenés à rechercher dans l'union une force qui manquait à chaque travailleur isolé.

Pensant faire pression et frapper davantage l'esprit des chefs par l'accord unanime sur la plainte formulée, on a parfois tenté de faire des réclamations collectives au moyen de pétitions.

Mais, celui qui osait signer le premier au-dessous d'une *supplique* toujours anodine et rédigée en périphrases plus que respectueuses, ne pouvait recueillir qu'un nombre de signatures relativement ridicule, et les pétitions étaient mises régulièrement au panier sans qu'il leur fut donné suite, si ce n'est de sévir contre les *meneurs* ou tout au moins de les mettre à l'index — on sait ce que cela veut dire —pour éviter le retour d'un tel acte d'audace.

Fallait-il donc devant cette tactique rester inactifs et courber la tête avec soumission ?

Depuis longtemps, beaucoup avaient compris que devant cette intransigeance, une entente, un groupement de tout le personnel pour les revendications communes auraient une puissance considérable.

Sans argent, malgré les difficultés de toutes sortes, malgré le manque de cohésion par suite de la dispersion dans différents services et de nombreuses localités, et, j'ajouterai, malgré le danger auquel ils exposaient leur pain de chaque jour, l'existence de leur famille, quelques hommes de courage, des *meneurs* n'est-ce pas? — et ils ont le droit d'être fiers de cette épithète — ont tenté tout dernièrement (août 1890) de former une Chambre syndicale des Travailleurs des Chemins de fer.

Leur entreprise téméraire fut couronnée d'un plein succès, et. les employés envisageaient avec espoir le jour prochain où leurs délégués seraient admis à discuter leurs intérêts *contradictoirement* avec les Conseils d'Administration des Compagnies, représentants des actionnaires, en se passant, bien entendu, des intermédiaires, puisque ceux-ci n'ont pas compris que leur devoir était, en même temps que de diriger le travail, de protéger, de défendre au besoin le personnel sous leurs ordres.

Lorsque les Pouvoirs Publics, pour donner satisfaction aux travailleurs qui demandaient à avoir le droit de défendre leur travail — c'est leur seule fortune — contre l'exploitation des capitalistes, eurent admis que l'égalité de défense dans la lutte pour la vie, était équitable, et qu'ils eurent voté la loi de 1884 sur les syndicats, ils n'avaient certes pas prévu le développement que prendrait cette institution qu'ils avaient jugée suffisamment incomplète pour être une fois de plus un trompe-l'œil pour la classe ouvrière.

Malgré les critiques que l'on pourrait adresser à cette loi sur les syndicats — et qu'il n'est pas dans mon intention de développer dans le cadre restreint de cette brochure — les travailleurs sont maintenant pourvus d'une arme puissante et redoutable qui, s'ils savent s'en servir, aura tout d'abord pour conséquence de leur permettre de débattre avec leur patron, *de puissance à puissance,* les conditions de leur travail.

Cependant, tous n'ont pas encore compris le but du syndicat, et, soit crainte, soit défiance, soit enfin manque de conviction dans l'efficacité du groupement et de ses moyens d'action, une grande partie du personnel des Chemins de fer n'a pas encore adhéré à la Chambre syndicale.

Il est donc nécessaire d'entrer ici dans quelques considérations sur l'utilité du groupement corporatif et sur son action légale.

Les Compagnies mettent un capital en exploitation et s'ingénient à le faire fructifier.

Elles emploient matériaux, machines, bêtes de somme et personnel, et exigent des uns et des autres, au prix le plus modique, tout l'effort qu'ils peuvent donner.

Mais la résistance du métal a des limites, la machine surchauffée éclate, la bête de somme surmenée crève; c'est leur manière à eux de protester, et les Compagnies, *dans leur intérêt à elles*, s'empressent de faire droit à leur muette, mais éloquente protestation; elles évitent le surcroît de fatigue à la bête de somme et se plient aux exigences de la machine,

Si les Compagnies avaient entendu nos réclamations qu'on ne leur transmettait pas, y auraient-elles également fait droit.

Je n'hésite pas à dire non !

Les Compagnies n'ont pas à faire de sentiment et leur intérêt seul les guide en toutes circonstances.

Si celui-ci exige que la machine reçoive tous ses soins, c'est encore son avantage, que l'homme s'épuise et meure sous l'effort de la production : une machine, un cheval coûtent une dépense de remplacement, tandis que l'homme ne coûte rien et qu'il se trouve toujours dix hommes valides qui s'offrent pour remplacer le vieux travailleur fourbu et consentent à subir le même sort et à s'épuiser pour un morceau de pain.

Nous sommes donc inférieurs aux animaux, aux machines, à la matière, et ne semblerait-il pas naturel que l'on ait pour nous au moins les mêmes prévenances que pour eux.

Si la machine manquait de charbon, sa nourriture; si on lui refusait le nettoyage, le graissage, son bien-être, elle refuserait tout service.

Comment veut-on que l'homme auquel on n'accorde même pas la nourriture et par conséquent aucun bien-être, puisse travailler sans cesse,

Mais il arrive ceci, que les employeurs ne peuvent empêcher : si l'homme dont les forces journalières n'ont pas été reparées, ne veut pas mourir à la tâche, il est *obligé* de donner selon ses forces et de se relâcher chaque fois qu'il le peut. A la Compagnie qui le paie peu, il donne peu de travail, et, pourvu qu'il paraisse occuper son temps, les actionnaires, malgré l'entretien d'un nombreux et coûteux personnel de surveillance, n'y voient que du feu, paient et croient naïvement avoir fait un bénéfice en surmenant le personnel et en lui donnant un salaire dérisoire.

Au surplus, je n'ai pas à discuter l'intérêt des Compagnies : quand deux intérêts contradictoires sont en présence, chacun recherche le sien; mais j'ai voulu faire ressortir que presque toujours les intérêts des Compagnies sont d'accord avec les nôtres.

Aussi bien, notre avantage serait-il que les Compagnies gagnent le plus d'argent possible si nous devions en profiter.

C'est ce qui n'a pas lieu et c'est pour cela que nous nous insurgeons contre la situation déplorable qui nous est faite.

Mais, lorsque le syndicat aura rassemblé toutes ses forces et qu'il pourra imposer ses conditions, il ne devra pas et ne pourra pas, sous peine de voir se tourner contre lui ses adhérents, abuser de sa puissance pour devenir à son tour oppresseur.

J'ai démontré qu'il répugnait aux employeurs d'entrer en pourparlers avec leurs employés, tandis qu'ils consentiront toujours, en cela poussés par l'Opinion, et les Compagnies y ont déjà consenti, à discuter avec nos représentants, nos camarades mandatés.

On a pu même constater que pendant la grève de Juillet 1891, alors qu'elle était localisée à la compagnie d'Orléans, la direction de cette compagnie n'a pas accepté l'intermédiaire du Conseil Municipal et a voulu, ce qui est naturel, entrer directement en pourparlers avec la Chambre syndicale.

Au moyen du syndicat, l'employé et l'employeur ne sont plus directement en présence, et ce dernier peut, sans se croire abaissé, condescendre à discuter avec des hommes qui ne sont pas sous son autorité patronale.

De plus, nos délégués devant être, cela va de soi, choisis parmi les plus intelligents, les plus sages et les plus justes, étudient avec sang froid les réclamations qui leurs sont transmises, et, lorsqu'ils réclament, ils le font en connaissance de cause et en toute impartialité — n'étant pas généralement intéressés eux-mêmes dans la réclamation — et sont convaincus qu'ils viennent parler au nom du droit et de la justice.

C'est pour cela qu'on ne peut refuser de discuter avec eux dans ces conditions, sinon ce serait avouer que dans les deux parties contractantes, Capital et Travail, l'une, le Capital, est de mauvaise foi, et se sent dans l'impossibilité absolue de démontrer que ce que nous demandons n'est pas l'expression de la justice.

———————

DES REVENDICATIONS A FORMULER

Toutes nos Compagnies rivalisent de générosité et d'ingéniosité pour l'amélioration du sort des travailleurs qu'elles emploient.

J. CORNÉLY.

J'aurais pu m'arrêter ici, car je pense avoir suffisamment démontré la nécessité du groupement syndical et notre droit légitime et légal de nous armer pour la lutte pour l'existence.

Cependant, des objections ont été faites par des employés de Chemins de fer et il est indispensable d'y répondre.

Des esprits rebelles à toute démonstration, ou cherchant une excuse à leur faiblesse et peut-être même à leur peur, incompréhensible d'ailleurs, du syndicat, disent :

Mais, nous sommes un certain nombre qui, commissionnés, avons droit à la retraite; qu'avons nous à attendre du syndicat ?

Les agents commissionnés qui hésitent encore à se grouper, pensent-ils donc que lorsque les employés que l'on ne commissionne pas actuellement et qui tous se syndiquent, auront pu obtenir comme les autres le droit à la retraite, ils s'en tiendront là et ne demanderont plus rien ?

Non n'est-ce pas, et bien, à ce moment ils se trouveront ou à peu près dans la même situation que les employés commissionnés actuellement, et c'est cette situation qu'il faut examiner.

Lorsque j'aurai démontré que leur sort n'est pas enviable, on comprendra que ceux qui n'en ont même pas un semblable aient eu le droit de se révolter.

Tout d'abord, QU'EST-CE QUE LA RETRAITE?

Lorsqu'un employé de Chemin de fer possède la bienheureuse commission, il croit communément, erreur dont il revient bien vite, avoir l'existence de ses vieux jours assurée.

Combien comptaient sur cette promesse, et après 20 ans, 24 ans de service, à la veille de remplir les conditions exigées (20 ou 25 ans de services, 50 ou 55 ans d'âge, suivant les Compagnies) se sont vus brutalement révoquer et ont ainsi perdu le droit à la retraite.

Je ne dis pas que les Administrations cherchent un prétexte pour révoquer un agent qui menace d'avoir la vie trop dure — ce serait odieux — mais cependant il est certain, et tout le monde a des exemples présents à la mémoire, que, vers la fin de leur carrière, de vieux employés ont été révoqués pour des motifs absolument anodins, souvent injustifiés.

L'intérêt qui en toutes circonstances guide les Compagnies pouvait les pousser à agir de la sorte, et si au point de vue humanitaire elles sont blâmables, elles ont pu, en droit strict et sans que l'agent révoqué ait les moyens de protester, profiter d'une faute qu'il a pu commettre, pour faire un bénéfice illicite.

Le moyen d'assurer la stabilité de la retraite est sans contredit de poursuivre sans relâche l'obtention de la retraite proportionnelle, de manière que les Compagnies n'aient plus intérêt à révoquer.

Pourrait-on obtenir ce droit à la retraite proportionnelle et n'y aurait-il pas là pour les Compagnies un sacrifice au-dessus de leurs forces?

L'exemple du Chemin de fer d'Orléans prouve que cette revendication est possible !

Cette Compagnie verse à la caisse de vieillesse, *au nom de chaque agent commissionné* — ils ne le sont pas tous — une somme certainement insuffisante, mais, à la rente de laquelle il a droit à l'époque fixée, *quel que soit le motif de son départ de la Compagnie, et quel que soit le nombre d'années de service.*

Nous avons vu que le droit à la retraite reposait sur des bases peu solides: le bon vouloir des Compagnies.

Bien mieux, même ayant l'âge et le nombre d'années de service voulus, une Compagnie, celle du Nord, pourrait *en droit* vous refuser cette retraite.

Elle stipule dans son règlement qu'aucune pension n'est accordée *qu'autant que l'intéressé a été préalablement admis* PAR LA COMPAGNIE à faire valoir ses droits à la retraite.

Un autre point qui démontre jusqu'à l'évidence l'instabilité de la retraite et le peu de garantie que donne la commission, c'est que dans la plupart des Compagnies, la Caisse de retraite est fictive ou insuffisante.

Une somme quelconque est prévue chaque année au budget pour payer les retraites de l'exercice.

De sorte que, si par impossible les Compagnies tombaient en déconfiture, la retraite serait perdue.

Je sais bien que cette éventualité peut faire sourire.

Et cependant, pour ne citer qu'un exemple, le Comptoir d'Escompte de Paris n'avait pas, ou plutôt n'avait plus de Caisse de retraite, cette administration financière, qui connaît la valeur des chiffres, ayant adopté un système analogue à celui des Chemins de fer.

Aussi quand est arrivée cette catastrophe, dont l'annonce aurait également fait sourire si on avait osé la prévoir, on a vu des vieillards retraités privés tout à coup de leurs seuls subsides, et d'autres sur le point de prendre un repos bien mérité, être obligés de fournir une seconde période de 25 ans de travail dans la nouvelle administration.

A une époque où les capitaux tendent à devenir de plus en plus la propriété de quelques-uns, qui donc peut affirmer qu'il ne surgira pas un groupe de financiers puissants qui obtiendront le monopole de créer à côté des Compagnies un système de transport différent que la science tient en réserve, plus rapide, plus économique et qui porterait aux Chemins de fer un coup fatal, en rendant leur matériel inactif et leurs capitaux infructueux ?

Qui peut prétendre que si le réseau des canaux se généralisait, éventualité que redoutent les Chemins de fer, le transport des marchandises -- leur principale et souvent leur seule source de revenus — se faisant désormais à meilleur compte et sans main-d'œuvre de transbordement par les canaux, qui peut prétendre que cela n'amènerait pas la ruine des puissantes Compagnies.

Oh ! je sais bien que les gros financiers actionnaires de nos Compagnies ne seraient guère lésés, parce que ce sont eux évidemment qui lanceraient l'affaire nouvelle, et après s'être débarrassés à temps de leurs actions, feraient de nouveau et différemment fructifier leurs capitaux.

Du moment que les intérêts des riches banquiers sont sauvegardés, qu'importent ceux des petits actionnaires qui perdent leur modique avoir, qu'importe le sort des employés plus intéressant encore. Qui daigne s'occuper de ces derniers et qui donc s'en est jamais soucié ?

Il y a donc dans l'absence d'une Caisse où des Capitaux garantiraient la retraite du personnel, un danger gros de menaces et il importe d'aviser.

Examinons maintenant dans quelles conditions la retraite est donnée aux agents et voyons si la situation qui leur est faite est tellement enviable qu'il n'y ait pas lieu de chercher de l'améliorer.

Donner *une retraite*, cela semble dire que l'on permet à celui qui a donné toute son existence de travail, de se reposer dans la vieillesse à l'abri de toute préoccupation matérielle.

Mais il n'en est rien, et la retraite étant toujours plus qu'insuffisante, je le démontrerai plus loin, il s'en suit qu'au moment où il y a droit, l'employé se sentant encore quelque vigueur préfère rester à l'Administration pour recevoir ses appointements qui lui sont strictement nécessaires, que de jouir d'une retraite qui ne lui permet pas de vivre. D'ailleurs, plus il reste, plus la retraite augmente; il travaille donc tant qu'il le peut, et si, par hasard, il ne meurt pas à la tâche, ce n'est qu'épuisé, incapable de se traîner plus longtemps qu'il sollicite enfin sa retraite.

La Compagnie ne la lui paie pas longtemps : il est déjà moribond quand il cesse son travail.

Je vous le demande, à vous qui ne croyez pas à l'utilité du syndicat, combien connaissez-vous de vos camarades qui jouissent de leur retraite ou qui en aient joui longtemps? Bien peu n'est-ce pas? et par contre, combien hélas! avez-vous vu de vieillards mourir à leur poste avant d'avoir pu prendre la retraite tant convoitée ?

Dans ces conditions, la retraite est un leurre, et pour être vraiment efficace, elle doit être suffisante pour assurer les besoins de la vie.

Il faut donc poursuivre l'unification de la retraite pour toutes les Compagnies, en choisissant un système analogue à celui adopté par la Compagnie d'Orléans, mais sur des bases plus larges et plus généreuses.

Là encore, pour mener cette tâche à bonne fin, le syndicat a son utilité incontestable pour tous.

Dans les conditions actuelles, *les Compagnies ne dépensent* RIEN *pour la retraite*, et si les intéressés se donnaient la peine d'examiner comment on la leur fait, et s'ils avaient comme ils l'auront certainement dans un avenir très prochain la possibilité d'en discuter les conditions, certes, ils se refuseraient à accepter une mystification aussi adroite que celle dont ils sont l'objet.

En effet, il est hors de doute qu'en échange de la retraite dérisoire qui nous est donnée..... quelquefois, les Compagnies paient moins leur personnel, à emplois équivalents, que dans le commerce ou l'industrie privée.

L'homme d'équipe, le manœuvre qui gagnent au Chemin de fer de 3 fr. 25 à 3 fr. 75, sont payés communément comme hommes de peine 4 et 5 francs dans le commerce, et cependant les Compagnies ne leur font pas de retraite.

Pourquoi ?

Les ouvriers de toutes catégories : menuisiers, selliers, tourneurs, ajusteurs, etc., sont payés de 0 fr. 50 à 1 franc de moins par jour que dans l'industrie privée. A eux aussi, à part quelques exceptions, pas de retraite.

Mais pourquoi dira-t-on, les ouvriers comme les manœuvres qui représentent une grande partie de l'effectif des Chemins de fer et ne sont pas retraités, consentent-ils cependant à abandonner une partie de leur salaire ?

On sait bien que le choix ne leur est pas permis, qu'ils se casent où ils peuvent, et que le chômage étant presque nul dans les Compagnies, celles-ci en profitent pour réduire les salaires et démontrer que leurs ouvriers gagnent tout autant pendant une année que chez un industriel quelconque.

On accepte cela et, cependant, je me demande comment on accueillerait le langage d'un patron qui viendrait dire à ses ouvriers : Cette année, j'ai des commandes importantes; il n'y aura pas de chômage; en conséquence je vais réduire les salaires, et cela ne peut rien vous faire puisqu'à la fin de l'année, travaillant davantage, vous aurez gagné tout autant.

Occupons-nous maintenant des commissionnés.

Les employés de bureau, de l'exploitation, des gares, etc., qui débutent à 3 fr. 25 et gagnent ensuite *en moyenne* 1,500 francs (1) devraient gagner 2,400 francs, soit un écart de 900 francs. Cette catégorie d'employés de bureau est la plus nombreuse

Les dessinateurs, les comptables, sont payés *en moyenne* 2,200 francs, tandis que les comptables d'une maison de commerce ont de 2,400 à 3,600 francs, soit en moyenne 3,000 francs. Là encore, pour cette catégorie d'employés qui est cependant la mieux rétribuée dans les Chemins de fer, mais la moins importante numériquement, il y a pour les Compagnies un bénéfice *moyen* de 800 francs par agent

Je ne parle pas ici du traitement des mécaniciens dont j'aurai occasion de m'entretenir un peu plus loin.

J'ai négligé dans la nomenclature des emplois, certaines fonctions difficilement assimilables à celles de l'industrie privée : aiguilleurs, garde-sémaphores, dont la responsabilité est si grande ; agents des trains, contrôleurs, chefs de train, serre-freins, etc., dont le métier est si dangereux.

Chacun sait combien les uns et les autres sont peu rétribués.

Je parle pour mémoire des garde-barrières dont le dévouement incontestable est payé de 200 à 300 francs PAR AN, (2) et le logement en sus.

---

(1) Dans ce service des *Chefs de Bureau* sont payés 1,800 à 2,000 francs.

(2) Pour qu'on ne me taxe pas d'exagération, je cite mes auteurs :

« Une caisse de retraites est instituée pour tous les employés et ouvriers faisant partie du personnel *classé*, et ayant *au moins* *600 francs* de traitement. » (Règlement de la Compagnie de l'Ouest.)

Dans le règlement des pensions de retraites de la Compagnie

Ainsi, nous avons vu que les Compagnies font sur le salaire de chacun des agents *qu'elles commissionnent*, un bénéfice moyen et annuel d'environ 8 à 900 francs; ce bénéfice devrait être employé, *en entier*, pour faire une retraite payée par cela même, *mais bien au delà*, comme nous allons le voir, par le personnel.

En effet, à partir de l'âge de 25 ans, une somme de 812 fr. 70, placée annuellement à une Compagnie d'assurances sur la vie, rapporterait *exactement* 3,000 francs de rente au bout de 25 années.

Quelle est la quotité de la retraite que les Chemins de fer donnent après ce laps de temps, sur leurs propres fonds, à ceux qui ont 1,500 francs d'appointements — c'est la moyenne (1) — en échange des 800 ou 900 francs qu'ils ne leur paient pas. Voici :

État..............	375 fr. »	exactement.
P.-L.-M...........	450 fr. »	environ.
Nord.............	468 fr. 75	exactement.
Ceinture	508 fr. 60	environ.
Ouest............	523 fr. 95	—
Est..............	545 fr. 45	—
Midi	554 fr. 35	—
Orléans	750 lr. »	exactement

Concluez !

Et cependant, indépendamment du bénéfice réalisé sur la solde, toutes les Compagnies sauf une (Orléans) osent faire une retenue de 3 à 5 % sur les appointements.

Le tableau ci-après démontre clairement que les Com-

---

du Nord, se trouve un barème des pensions accordées aux différents taux d'appointements. Dans la première colonne de ce tableau, « Traitements », nous relevons les chiffres ci-après : *200 francs ET AU-DESSOUS*, 400, 500, 600, 700, 789, 800, fr., etc.

(1) On cherchera à contester cette moyenne qui est d'une rigoureuse exactitude, en y faisant entrer les traitements élevés, 10, 20, 30,000 francs et plus, mais il faut tenir compte que cette étude ne concerne absolument que le travailleur qui est le grand nombre, et non pas les fonctionnaires. Je ne comprends dans cette moyenne que les emplois, même relativement élevés, qui sont accessibles à tous.

pagnies de chemins de fer réalisent un bénéfice réel considérable, *en constituant des retraites :*

Pensions de retraites après 25 années de services à 1,500 francs d'appointements

COMPAGNIES	RETRAITE accordée par la Compagnie	RETRAITE constituée par l'agent lui-même	TOTAL	ANNUITÉ constituant la retraite accordée par la Compagnie	BÉNÉFICE moyen sur le salaire de chaque agent	BÉNÉFICE restant par an et par agent
Ceinture..	508 60v	226 05v	734 65v	135 » i	800 »	665 »
Est	545 45d	204 55a	750 » i	120 »d	800 »	680 »
Etat........	375 »v	375 »v	750 » i	75 »v	800 »	725 »
Midi	554 35d	195 65a	750 » i	127 50d	800 »	672 50
Nord......	468 75 i	169 55v	638 30v	127 »d	800 »	673 »
Orléans...	750 » i	» »	750 » i	150 »a	800 »	650 »
Ouest.....	523 95d	226 05v	750 »d	75 »v	800 »	725 »
P.-L.-M...	450 »v	300 »v	750 » i	90 »v	800 »	710 »

Bénéfice moyen. . . Fr. 687 55

NOTA — En raison de conditions particulières, les chiffres de ce tableau peuvent être variables. Les lettres qui les suivent indiquent :

(a) Qu'ils sont susceptibles d'augmentation;

(d) Qu'ils sont susceptibles de diminution;

(i) Qu'ils sont immuables;

(v) Qu'ils peuvent varier, soit en plus, soit en moins.

En admettant que tous les agents qui *subissent* la retraite en jouissent, il suffit de multiplier le chiffre moyen de la colonne 7, c'est-à-dire 687 fr. 55 (1) par le nombre d'agents commissionnés (300,000 environ) et l'on peut voir que les Compagnies de Chemins de fer réalisent à elles toutes sur le personnel, un bénéfice *annuel* de 206 millions, et cela, **après avoir constitué les retraites.**

Un publiciste du *Matin*, après avoir énuméré une quantité prodigieuse de *bienfaits* des Compagnies : les enfants des employés élevés dans des crèches (?), nourris (?), instruits dans les lycées (?), leurs filles dotées (?), le personnel retraité (?), etc., etc., ajoute :

« Ces *libéralités* coûtent à la Compagnie d'Orléans
« 4 millions par an ; au Paris-Lyon où le personnel est
« beaucoup plus nombreux et s'élève à 60,000 la Com-
« pagnie dépense le double. »

Puis, sans se rendre compte de la contradiction contenue dans son dire, il poursuit :

« Ces millions, en *stricte justice*, les Compagnies ne les
« doivent pas à leur personnel. Si elles les leur allouent,
« c'est par bonté, par humanité, et afin de réaliser autant
« que possible l'idéal de *justice sociale.* »

Voyons, il faudrait s'entendre ; si ce n'est pas juste et si les Compagnies ne doivent pas ces millions, en les donnant elles ne réalisent pas *l'idéal de justice sociale*, puisque ce n'est pas juste.

Ce publiciste, décidément bien mal informé, continue ses divagations et affirme qu'en restant *quelques années* en plus des 25 exigées, on pourrait obtenir, 60, 70 et même **90 p. O/O** du traitement.

Eh bien, en ajoutant à la retraite faite par les Compagnies celle que l'employé constitue lui-même, voici au au bout de combien d'années de service on obtiendrait ce taux de 90 % :

Est.........jamais (maximum 66 %)
Etat........jamais (— 75 °[o)

---

(1) Ce chiffre moyen est naturellement arbitraire, attendu que les Compagnies ne font pas le même bénéfice par agent, et que nous ne connaissons pas exactement pour toutes les Compagnies le nombre exact des employés soumis au régime de la retraite ; mais il devrait plutôt être augmenté, puisqu'il ressort du tableau qui précède, que ce sont les Compagnies occupant le plus de personnel qui font sur chaque agent un bénéfice plus élevé.

> Orléans....jamais (maximum 75 %)
> Midi ....jamais (—   66 %)
> Ceinture... (La retraite étant constituée au moyen de versements faits à la Caisse de l'Etat qui ne reçoit plus d'un vieillard âgé de 65 ans, il en résulte que pour avoir 90 % il faudrait entrer à la Compagnie à l'âge de *9 ou 10 ans*, ce qui on l'avouera, est excessivement rare,
> Nord........   53 ans de service
> Ouest.......   49   —
> P.-L.-M.....   45   —

Si, ce dont je doute fort, il reste encore à son poste dans une de ces dernières Compagnies, un employé entré au chemin de fer à l'origine de ce moyen de transport, il pourra d'ici quelques années, jouir en sybarite d'un repos bien gagné. Pour peu qu'il ait, ce qui n'est pas impossible après tout, 3,000 francs d'appointements, il pourra certainement se suffire avec les 1620 francs (54 %) que lui donnerait la Compagnie P.-L.-M. par exemple, et les 1080 francs de retraite (36 %) qu'il s'est constitué lui-même.

On a admis que certains employés gagnent bien leur vie et sont rétribués convenablement: les mécaniciens et les comptables, par exemple.

Nous avons vu pour ces derniers, que le salaire n'est pas en rapport avec le travail; examinons s'il en est de même pour les mécaniciens, et si la retraite qui est faite aux uns et aux autres leur permet de vivre.

Les Compagnies ont besoin de s'attacher les mécaniciens et comme le traitement de 15 à 1800 francs qu'elles leur donnent serait insuffisant pour les retenir, elles ajoutent à ce traitement des primes diverses, ce qui leur fait gagner, suivant la classe, de 250 à 350 francs par mois.

Si ces primes étaient données, comme on le croit, pour encourager à faire des économies de combustible, graissage, etc., elles ne constitueraient pas une grosse part du traitement, mais un simple appoint.

La raison de ce procédé, c'est que plus les mécaniciens font de kilomètres, plus ils augmentent leurs primes, de sorte qu'ils arrivent à faire 14, 16 et même 18 heures de travail sans se plaindre, *au contraire*.

Pourquoi, puisque les primes augmentent, les appointements fixes, qui ne sont pas donnés je suppose pour un temps indéfini, n'augmentent-ils pas aussi en raison du temps fourni?

Il y a une autre raison pour expliquer pourquoi les Compagnies ont divisé le traitement du mécanicien.

La nature même de son travail l'expose constamment à des maladies, à des blessures, et, comme dans ce cas la Compagnie est obligée de payer celui qui est au lit, elle n'a à lui solder que ses appointements fixes.

Il n'y a pas de petites économies.

Le mécanicien doit donc demander la suppression des primes et leur rattachement aux appointements fixes (1) pour que la réduction des heures de travail qu'on veut leur imposer par mesure de sécurité ne leur soit pas préjudiciable.

Si les Compagnies ont peur que l'on gaspille le combustible — et bien que l'économie ne dépende pas toujours du mécanicien, mais surtout de la machine — il suffira de donner dans chaque Dépôt quelques gratifications mensuelles aux mécaniciens qui auront économisé le plus.

On s'accorde à trouver fort convenable le salaire des mécaniciens, mais, en y regardant de plus près, on verra qu'il n'en est rien.

Un petit nombre de bons ouvriers, comme le sont tous les mécaniciens, gagnent au chemin de fer 8 francs par jour — et ce n'est pas leur prix — pour dix heures de travail.

Si ces ouvriers faisaient comme le mécanicien 15 heures par jour en moyenne, pendant 30 jours, ils gagneraient 360 francs par mois, c'est à dire plus que le mécanicien le mieux rétribué, en faisant un métier moins dur et surtout moins dangereux.

On peut donc affirmer que le mécanicien n'est pas payé ce qu'il doit l'être.

---

(1) Une autre anomalie à propos des primes : Les chefs de trains ont comme les mécaniciens, des primes de régularité de marche, et ne les touchent pas si un retard survient, retard qu'ils ne peuvent empêcher et dont par conséquent ils ne devraient pas être rendus responsables.

Quant à sa retraite, de même que celle des comptables et des dessinateurs, bien payés eux aussi, dit-on, il suffit pour constater qu'elle est absolument insuffisante, de faire cette remarque que, pour avoir au bout de 25 ans, 1,800 francs de retraite — somme strictement nécessaire aux besoins de la vie — il faudrait avoir comme appointements environ 4,500 francs.

Combien, s'il vous plaît, y en a-t-il qui parviennent à ce chiffre ?

Aussi, à moins de circonstances particulières indépendantes de leur travail, qui leur aient donné la jouissance d'un modeste pécule, les mécaniciens, les comptables, les dessinateurs, comme tout le personnel subalterne commissionné, vieillissent et meurent à leur poste, ou, complètement usés sont mis à la retraite d'office et vont achever rapidement dans les privations, une existence de labeur ininterrompu.

Est-il vraiment besoin d'une commission pour avoir droit à la retraite, et QU'EST-CE QUE LA COMMISSION ?

Après quelques années de service, l'employé est *commissionné* ou *classé* à un taux d'appointements bien inférieur à ce qu'il devrait gagner, mais qu'il accepte néanmoins, parce qu'il arrive peu à peu au chiffre qui lui est dû, par des augmentations successives que rien ne devrait justifier, puisqu'il fait le même travail, et si l'on admet que le paiement primitif était suffisant pour le rétribuer.

Aussi, il arrive cette anomalie, qu'un employé qui a débuté à 4 francs par jour dans un travail quelconque, peut faire ce même travail pendant toute sa carrière, et avoir successivement 1,500, 1,800, 2,000 et même, dans certains services, 2,400 francs d'appointements et plus. Pourquoi ?

Si ce travail vaut 2,400 francs — et on admettra bien que les Compagnies auraient tort de le payer ce prix s'il ne le vaut pas — on a donc frustré cet employé pendant un grand nombre d'années.

On voit aussi deux employés, l'un jeune de service, l'autre vieux, faire identiquement la même besogne et avoir des appointements disproportionnés.

Admet-on que le plus vieux travaille mieux ou davantage que le plus jeune ? C'est souvent le contraire qui a lieu.

Pourquoi donc ce système ?

C'est qu'on espère, et on obtient ce résultat que l'employé, dans la crainte continuelle de ne pas recevoir l'augmentation qu'il attend, fournit un travail au-dessus de son salaire, qu'il se plie à la discipline, à la volonté, aux exigences et même aux caprices des chefs.

Et comment pourrait-il en être autrement ? ces derniers ne font-ils pas — avec ou sans contrôle, c'est tout comme — les propositions d'augmentation, et ne tiennent-ils pas dans leurs mains le sort de leur personnel.

Aussi, s'il leur convient d'infliger des amendes ridicules, des punitions imméritées, de faire des passe-droits, des tours de faveur au détriment d'employés méritants, on accepte tout sans murmurer, sachant bien que si l'on proteste, l'avenir se trouvera compromis, parce qu'un chef ne peut pas pardonner à celui qui l'accuse d'être injuste.

Je prétends que si un travail quelconque mérite une somme de, on doit la donner aussitôt qu'un laps de temps déterminé aura démontré que l'employé est capable de le faire, et le laisser à ce même taux tant qu'il occupera le même poste.

La commission telle qu'elle est instituée actuellement, met celui qui la possède sous la dépendance absolue de son chef, et n'est autre chose qu'un contrat d'esclavage qui oblige à toutes les bassesses, à toutes les platitudes pour assurer son existence.

Quant à l'émulation qui au dire des Compagnies disparaîtrait s'il n'y avait pas l'appât des augmentations, il sera facile de la stimuler avec le moyen qui réussit fort bien auprès du personnel supérieur : les gratifications.

Le travail doit en toute équité être payé intégralement par les appointements; l'excès de zèle, la soumission et la bassesse peuvent être *récompensés :* c'est affaire entre la Compagnie et la dignité de l'employé.

Et puis, la *véritable et saine émulation*, le zèle, l'exactitude, l'assiduité, l'ingéniosité dans le travail. ne seraient-ils pas suffisamment stimulés par l'espérance d'un changement de classe ou de grade, et l'avancement, s'il était réellement donné au mérite, ne serait-il pas le meilleur moyen d'émulation?

Mais il n'en est pas ainsi, malheureusement et l'avancement est déterminé non par le savoir et l'intelligence, mais ce qui est ridicule, souvent par l'ancienneté, et ce qui est méprisable, presque toujours par la sympathie qu'a tel ou tel chef pour tel ou tel de ses protégés.

On voit même des fils dits de famille *débuter* à la Compagnie dans des emplois supérieurs jusque-là accessibles au modeste employé qui, d'échelon en échelon, pouvait arriver à une situation digne et voir couronner une carrière de dévouement par son élévation à un grade relativement élevé.

Je dis que fils *de famille* (sans doute que nous n'en avons pas) ou fils de prolétaires, tous doivent débuter dans l'emploi subalterne en rapport avec leur instruction, leur intelligence et leurs facultés. Sinon on paie trop cher des employés pour le peu de services qu'ils rendent (au moins pendant les années d'expérience) et, simple remarque, on les paie d'autant plus que leur situation de famille ou de fortune est plus élevée.

L'actionnaire qui paie doit être servi selon ce qu'il paie.

Je ne me suis occupé ici que de la situation faite aux employés commissionnés de toutes catégories, situation que recherchent sans la bien connaître tous ceux qui sont salariés à la journée, et je demande à ceux qui ont examiné cette situation et qui reconnaissent avec moi que j'ai plutôt atténué les faits, s'ils pensent pouvoir obtenir isolément, par des démarches ou autrement, le changement d'un régime préjudiciable à notre intérêt.

Je demande aux employés commissionnés *de tout grade*, qu'ils soient ou non bien appointés, contremaîtres, chefs de gare, de bureau, d'atelier, ingénieurs même, s'ils ne seraient pas reconnaissants envers le syndicat d'avoir poursuivi et obtenu par exemple la retraite proportionnelle et la garantie de l'avancement.

Tout le monde a compris que dans ces circonstances, comme en bien d'autres, le syndicat était utile pour tous.

Aussi pouvons-nous croire que, mieux inspirés, certains chefs qui d'instinct, pour faire plaisir à l'Administration et sans qu'il soit nécessaire de le leur dire, combattaient le syndicat, comprendront qu'il est de leur intérêt évident de le soutenir, non pas en y adhérant — ce n'est pas leur rôle — mais simplement en laissant faire et surtout en ne frappant pas, mais en encourageant au contraire, les hommes dignes qui, en se syndiquant, veulent relever moralement et matériellement leur situation de travailleurs.

Quant à ceux qui par peur ou lâcheté refusent de s'émanciper, ils sont justiciables du mépris de leurs camarades et de leurs chefs, et, puisqu'ils consentent à subir leur sort souvent misérable, il est parfaitement inutile de se gêner avec eux.

Oui, n'est-ce pas, tous les agents des chemins de fer, sans exception, ont compris qu'ils devaient se grouper en un faisceau compact pour obtenir — nous dirons comment dans une autre brochure (1) — les réformes indispensables et dont voici résumées celles d'ordre plus général qui devront être contenues dans un *contrat écrit :*

1° LE DROIT A LA RETRAITE POUR TOUS et cette retraite suffisante pour assurer les besoins de la vie, ou sinon, c'est une mystification dont nous ne voulons pas être dupes.

2° LA RETRAITE PROPORTIONNELLE, quels que soient le nombre des années de service et la cause de la rupture du contrat de louage, excepté bien entendu en cas de maladie ou blessure entraînant incapacité de travail, auquel cas la retraite devra être intégrale et immédiate.

J'ai dit : *quel que soit le nombre d'années de service.*

En effet, on n'osera pas prétendre que la retraite n'est acquise que pendant la dernière année de service; s'il en était ainsi, on recevrait pour cette année un salaire formidable.

Il est clair que chaque année, chaque jour même, on acquiert une partie de la retraite.

Nos législateurs proposaient la retraite proportion-

---

(1) Il ne suffit pas, en effet, d'exprimer ses besoins et ses désirs, mais il faut donner les moyens de les satisfaire; c'est ce que je me propose de faire très prochainement.

nelle, mais après 15 ans de service; les statuts de la Chambre syndicale eux-mêmes, la réclamaient après 10 ans de travail.

Eh bien, ni nos députés, ni les statuts n'avaient raison.

Si au bout de 10 ou 15 ans *moins un jour* on n'a droit à rien, et que le lendemain on possède le droit à la retraite, c'est affirmer, ce qui serait absurde, qu'en un seul jour on a gagné une retraite.

D'ailleurs, la Compagnie d'Orléans donne la retraite proportionnelle *sans conditions* et ce qu'une Compagnie peut faire de son plein gré, toutes peuvent le faire.

J'ai dit aussi que la retraite proportionnelle devait être donnée *quelle que soit la cause de la rupture du contrat de louage,* et puisque l'on considère que la retraite est largement payée par le travail, cette retraite appartient en propre à l'employé qui l'a payée, soit qu'il démissionne, soit qu'il fût révoqué.

Je dirai mieux, si un agent quittait son emploi par suite d'une condamnation, la Compagnie commettrait une action malhonnête en s'appropriant ce qui n'est pas à elle.

Que dire en effet d'un homme qui, débiteur d'une somme à lui prêtée, se déclarerait libéré envers son créancier parce que celui-ci serait mis en prison.

3° **LA CRÉATION D'UNE CAISSE DE RETRAITES** existant effectivement en numéraire. Si nous consentons à faire le sacrifice d'être moins rétribués, il faut que de leur côté les Compagnies fassent réellement une dépense pour notre retraite, et j'ai prouvé qu'elle ne leur coûtait rien, *au contraire.*

4° **LA SUPPRESSION DES PRIMES** pour les mécaniciens, chauffeurs et agents des trains, et leur rattachement aux appointements, pour rendre possible la réduction des heures de travail qui autrement leur porterait préjudice.

5° **AUGMENTATION GÉNÉRALE DES APPOINTEMENTS** pour les mettre véritablement en rapport avec l'emploi occupé, et la suppression des augmentations successives qui n'auront plus leur raison d'être que lorsque l'on changera d'emploi.

6° **L'AVANCEMENT GARANTI** par un tableau sur lequel seront portés par service et par ordre de mérite, les agents ayant fait leurs preuves.

Ce tableau mis à la disposition de tous, permettra aux agents qui n'y seraient pas portés et qui croiraient y avoir droit, de réclamer avant qu'une nomination soit faite, et alors qu'il est trop tard pour protester.

Ce système combattra efficacement désormais le favoritisme dont sont victimes les employés de toutes catégories et dont souffrent toutes les administrations en général.

Quand j'aurai parlé, pour mémoire, de l'extension aux employés de chemins de fer de la juridiction des prud'hommes, réforme qui, entre autres avantages, pourra permettre l'abolition du marchandage et du travail à la tâche, autre moyen d'exploitation abusif;

Quand j'aurai dit qu'en attendant la création d'un Conseil de prud'hommes, création qui nous mettra dans le droit commun, le Syndicat peut, lorsqu'un employé a un différend avec sa Compagnie, et si les moyens de conciliation ont échoué, faire les frais d'une instance devant les tribunaux, aux lieu et place de l'employé qui se trouve dans l'impossibilité de le faire;

Quand j'aurai rappelé les autres réformes de moindre importance : permis, permissions, congés, etc., etc., que l'on pourra, j'en suis sûr, obtenir aisément par voie d'entente,

Il sera clairement démontré que si le Syndicat n'a pas encore jusqu'ici beaucoup obtenu, il a du moins beaucoup à demander, et que nul employé de Chemin de fer n'a le droit de se désintéresser du mouvement syndical de notre Corporation.

APPENDICE

La vérité vraie est qu'il y a
dans les Compagnies comme
dans toutes les aggloméra-
tions humaines, quelques
« drôles » et quelques « im-
béciles ».

J. CORNÉLY.

Au chroniqueur du *Matin*, qui avait eu la prétention d'esquisser l'existence pleine de douceurs d'un employé de Chemin de fer, j'ai répondu en mettant à nu la scandaleuse exploitation dont est l'objet ce modeste travailleur, et en exposant la situation véritable et vraiment digne d'intérêt qui lui est faite par les Compagnies dont il vantait la bonté et la générosité.

Sans doute, il objectera que les renseignements précis qu'il donnait lui avaient été transmis par une personne honorable, dont il n'avait pas osé mettre en doute la parole.

Mais je lui répondrai que son métier consiste à savoir ou chercher à démêler la vérité pour la faire connaître, quelle qu'elle soit, à ses lecteurs.

Je conserve l'espoir qu'à l'avenir ce journaliste se montrera plus circonspect, et ne parlera que de ce qu'il connaît.

Quoi qu'il en soit, il est impossible de sortir de ce dilemme :

Ou ce monsieur a cru naïvement que ce qu'il disait était vrai, et alors il y a beaucoup de chances pour qu'il soit un imbécile.

Ou il n'ignorait pas qu'il mentait, et, dans ce cas, il n'y a pas de doute : c'est un drôle !

www.ingramcontent.com/pod-product-compliance
Lightning Source LLC
Chambersburg PA
CBHW051352060726
47596CB00005B/1891